Reserve.
p. Ye. 220.

Confession fort Vtile et brefue / enseignant tous penitens et penitentes a eulx confesser.

Sensuit vne cõfession tres vtile po' instruire
les poures pecheurs et penitez cõposee p fre
re anthoine belin religieux de sainct frácoys.

Long temps ya que ie fus incite
Mettre par ordre vne confession
Affin quon peust en celle profite
Par le chemin de vraye perfection
Je prie a dieu par grant deuotion
Que sur ce fait meuure l'entendement
Penser en dieu profite au sauluement.

Notes mes ditz vous qui ces motz verres
Et retenes ma petite doctrine
De paradis la gloire vous ares
Se a seruir dieu vostre pensee sencline
Pour la poure ame auoir vraye medecine
Contrition est du tout necessaire
Qui ne vouldra en enfer tousiours braire.

Aduises doncques comme le temps passez
Aues vescus en peche follement
Et comme aussy vous aues trespasses
Encontre dieu les sainctz commandemens
Car vng chrestien doit viure sainctement
Et de son nom sans bruit suiuir la trasse
Affin quil aye tousiours de dieu la grace.

Entendes cy vous curieux mondains
Qui par plaisirs demenes vostre vie
Ainsy nont pas fait les sainctes et sainctz

Qui desia sont en perdurable vie
Ilz ont eu les pensees rauies
A penitence par grande aduersite
Conte rendres quant vous seres cite.

    Voz grans tresors qui sont gardez a part
Voz grans maisons et palais esleues
Vous les laires et pres aulstre part
Se bien ou mal certes riens nen scauez
Les grans dangiers pour dieu donc escheues
Considerant la tres terrible espreuue
Qui bien se garde voulentiers bien se treuue.

    Ne souffres pas que soyes gouuerner
Par sensuelle voulente transitiue
Mais a ycelle vueilles fort impugner
Et demenes vie contemplatiue
Suiues le train par voye infinitiue
Dumilite ceste belle vertus
Et vous pres en paradis lassus.

    Que ferez vous mes petites bourgoises
Quant il fauldra laisser ses superflus
Habillemens que ainsy vous degoyse
Le temps viendra que nē ares noīj plus
Vestes vous doncques de robes de vertus
Laisses courir toutes ces vanites
Par desplaisance/et a dieu vous rendez.

    Contrition si vous soit precedente
Pour paruenir au terme quatendes
Puis en apres vous mettres vostre entente

A confesser ce que mespris ares
De satiffaire du tout peine mettres
A dieu premier/puis a Voftre prochain
Jcy apres Vous en Verres le train.

Disposez Vous donc par bonne diligence
Rendre Voz cueurs a toute humilite
Laissant Voz maulx/et faisant penitence
Viuant tousiours en toute purite
Pour le meilleur que te puis recite
Cest que pensez a genoulx plusieurs fois
De ihesucrist les douleurs en la croix.

A ce deuot et saint mystere appelle sacremēt de cōfes‑
sion tu Viēdras par grande humilite le chief enclin/des
plaisant des faultes contre dieu cōmises/auec propos
de toy amēder/et a deux genoulx deuotemēt te getteras
deuāt toy beau pere/et feras le signe de la croix/puis cō
mēceras cōfiteor/et le diras iusqs a/mea culpa tāt seule
mēt. Estre dit tu te accuseras/disant ta coulpe de cincq
choses principalles par negligence faictes.

La premiere de ce q̄ tu ne Viēs pas a ce sainct sacremēt
de penitence a si grande contrictiō/douleur et desplai‑
sance de tes pechez comme tu deusses faire.

La.ij. que tu nas pas si ferme propos de amēder ta
Vie et laisser tes pechez et ton obstinatiō cōme tu dois.

La.iij. que tu nas pas si ferme propos de pseuerer en
biē cōme Vng bō chrestiē et deuot penitent doibt auoir.

La.iiij. de ce que plusieurs pechés que aultre fois tu
auoyes confessez et promis a dieu non iamais y retour

ner / par inconstance tu as fait le contraire.

La.B^e.de ce que tu nas pas este obeyssant a dieu et a
saincte eglise ne a ses comandemes que sont sept en no=
bre et les Verras apres.

Sur cest aduis doit faire son proffit
Le penitent qui serche sa sante
Soy accusant des pechez et delitz
Que par luy sont plusieurs fois frequente
Regarde apres et soyes entalente
Par bon propos de amender ta Vie
Et tu Viendras a perdurable Vie.

Le fait feras deuant ton beau pere conscience/et di=
ras ta coulpe toy confessant des septz commandemens
par saincte eglise ordonnez.

Le premier est que Vne fois lannee au mois tu ne te
es pas presente au prestre q auoit puissance de toy ab=
souldre de tes pechez coe bon et deuot penitent. Et se tu
las fait/neantmoins non pas si deuotement ne si reue
ramment come tu deusses. Et aussy que les penitences p
cofessio a toy enioinctes ne les as faictes incontinet en
estat de grace / mais les as transportees long temps
au preiudice de ta conscience.

Le second comandement de saincte eglise est que au
moins Vne fois lannee reueramment tu dois recepuoir
le sainct sacrement de lautel/ce que tu nas pas fait/et si
non pas si bien comme tu deusses.

Le tiers est que les dismes deuz a dieu et a saincte
eglise de toutes choses licitement acquises et de dieu

ozdonnees et instituees nas pas paye et rendu.

Le quart est de ieuner la saincte caresme/les quattre
temps/ et les Vigiles ozdonnees par saincte eglise sur
peine de peche moztel/sinon q cause legitime se epcuse.

Le.V.e.est de euiter sentence de epcomunimet/et de par
ticiper auec les epcomunies. Car epcommunicatioy est
le glaiue pourquoy dieu courrousse veult pugnir les a
mes des pecheurs/ et est vne maladie contagieuse que
donne infection aup aultres/ et est maladie spirituelle
appellee mineur epcomunication/de laquelle peult ab
soustre le prestre qui a charge de la conscience/ et a ce
dois aduiser comme y peulp auoir mespris.

Le.Vi.e.est de rendre et acoplir les veulp q tu as faith
a dieu. Et note q vouer est de bonne voulente/ car nul
ny est cotraint/mais a laconiplir cest de commandemet.
dont le prophete dit. Vouere et reddite.

Le.Vii.e.est que les dimeches et les festes comadees
de saincte eglise tu dois oyr la messe entieremet et de
uotemet auec toute crainte de offenser nostre seigneur/
et penser es peches que tu as commis les iouts piece
dans et en auoir douleur.

Pzoficable est le bon enseignement
A vng chascun qui le veult retenir
La bonne mere aup enfans point ne ment
Mais en droicture les veult entretenir
Doubtant apres que ne soient pugnis
Les bons subgectz delaissant quelque chose
Pour bon aduis les ditz deuant propose.

Apres te confesseras des douze articles de la foy cõ
tenus ou grant credo et ou petit/ sans riens y vouloir
speculer/ mais q̃ simplemẽt toy accuser se en riẽs tu as
eu erreur/ et aultre creance q̃ ung bon chrestien doibt a
uoir/ car iceulx dois croire fermement et simplement cõ
fesser ainsy que sensuiuent.

Je croy en dieu le pere tout puissant/ createur du ciel
et de la terre. Et en ihūcrist son filz vnique nostre saul
ueur. Qui fut conceu du sainct esperit. Ne de la Vierge
marie. Souffrit dessoubz ponce pylate. Fust crucifie.
Mort et ensepuely. Descẽdit aux enfers. Le tiers iour
resuscita de mort. Monta es cieulx. Se siet a la deptre
de dieu le pere tout puissant. Apres viendra iuger les
vis et les mors.

Je croy au sainct esperit. La saincte eglise catholique.
La cõmuniõ des sainctz. La remissiõ des pechez. La
resurrectiõ de la chair. La vie eternelle Amen.

Le fondement de la saluation
Gist aux articles deuant preasleguez
Donc a iceulx metz ton intention
Sans au contraire vouloir riens alleguer
Quant tu auras le tout epiloguer
Tu trouueras que cest le droit chemin
Ou passer fault pour faire bonne fin.

Viẽs apres aux dix cõmãdemẽs de la loy/ dõt le p̃
mier est. Adorer vng dieu et laymer de tout son cueur/
de toute son ame/ de toute sa force/ et a icestuy seul seruir
Et note q̃ ce commãdemẽt a deux plies principales.

La premiere est Vraye adoratiõ/laqͭle adoratiõ con-
tiẽt trois Vertuz theologales/cestassauoir/foy/ esperã
ce/et charite/ aultremẽt ne seroit pas Vraye adoratioñ.

La premiere Vertu est foy. Et icy pourras dire cõme
tu y peulx auoir erre ou non. Et cõbiẽ q̄ tu ayes eu foy/
touteffois se nas tu pas toursiours bien garde ne obser
ue les commandemens de dieu.

La.ij.e Vertu est esperance. Et cõbiẽ q̄ iay eu esperãce
en nostre seigneur/neantmoins p plusieurs fois ie lay
plus tost eue es choses terriẽnes et caduchs/en mes pa
rens et amis/ quẽ dieu q̄ est rettributeur de toutes choses.

La.iij.e Vertu est charite/que regarde deux choses/cest
assauoir dieu et son prochain.

Premierement quãt a dieu ie nay pas eu telle chari
te ne telle amour a luy cõe ie deusse. Et qͭl soit ainsy/plu
sieurs fois iay peche en trespassant ses cõmãdemẽs/et
se ie leusse bien ame/ iamais ne leusse offense/ dont ie
dis ma coulpe.

Secondemẽt charite regarde son prochain/cecy est
p le cõmandemẽt de dieu/ que tu le dois aimer cõme toy
mesmes p ce qͭl dit. Diliges pximũ tuũ sicut teipsum.

La secõde ptie du pmier cõmãdemẽt de la foy est/que
tu nadoreras aultre dieu q̄ ung tout seul/ qui est createur de toutes choses ainsy cõe deuãt est dit es articles
de la foy. Or en sont plusieurs qui errẽt en cecy/car aul
cuns adorẽt le soleil/les aultres la lune/les planetes/
les estoilles/et aultres q̄ dõnẽt foy es incantatiõs/sor
tileges/dont leur cõscience est blessee griefuemẽt.

Le second cômâdemêt de la loy est q̃ tu ne prendras
point le nom de dieu en vain / cest adire q̃ sur toute rien
tu le dois honorer et nullemêt blaspheiner. Et note que
tous les cômandemens de dieu sont contenus comme
plus a plain les verras es vers suiuans.

Vnû crede deû. Ne iures vana p̃ ipsuz. Sabbata
sctifices. Venerare parêtes. Nô sis occisor/fur/mech?/te
stis iiql'. Vicniqz thorû:resqz caueto suas. Sur ce estu
die et epamine ta côsciêce po' en rêdre côte a tô beau pere.

Vng seul dieu tu adoreras
Et aymeras parfaictement.
   Dieu en vain ne iureras
Naultre chose pareillement.
   Les dimenches tu garderas
En seruant dieu deuotement.
   Pere et mere honoreras
Affin que viues longuement.
   Homicide point ne seras
De fait ne voluntairement.
   Luxurieux point ne seras
De corps/mais viuras nectement.
   Lauoir daultruy tu nembleras
Ne retiendras a escient.
   Faulx tesmoignage ne diras
Ne mentiras aulcunement.
   Loeuure de chair ne desireras
Quen mariage seulement.
   Bien daultruy ne coinoiteras!

Pour le auoir iniustement.

Qui sert son maistre de bon cueur et entier
Et bien garder veult ses commandement
Doit esperer a la fin bon loyer
Cest vng dictum quon dit communement
Ouure tes yeulx/lieue lentendement
A dieu seruir chascun doit prendre peine
Pour acquerir la gloire souueraine

En apres tu te confesseras des cincq sens de nature qui sont en double variation / les vngz exterieurs / et les aultres interieurs.

Les premiers exterieurs sont les yeulx pour veoir/ les oreilles pour escouter / la bouche pour parler/ les mains pour toucher/et les piedz pour cheminer.

Les aultres interieurs sont. Cogitation/affection/ intention/rememoration/et loquution.

Le premier est cogitation/auquel le pecheur plus tost a pense a mal que a bien/et toutesfois lomme est ne au contraire/car iustement ne doit penser que bien.

Le second est affectio de bie faire/et plustost le peche affecte mal faire que bien/qui est au detriment de sa coscience/et a la perdition du salut de son ame.

Le tiers est intention/car lomme doit tousiours entendre a lacomplissement des commandemes de dieu que souuentesfoys il ne fait pas.

Le quart est rememoration / dont est douleur. Car quant les pecheurs reduisent a memoire ses enormes peches quilz ont commis le temps passe plus tost sen

reſtouyſſent que en auoir douleur et deſplaiſance. Et p
ce moyen peche de nouueau mortellement/et eſt en eulɣ
acomplie ſa prophetie. Letentur cum male fecerint: et
epultant in rebus peſſimis. Mais auſſy ſi les ont a me
moire par deſplaiſance de les auoir commis/ ſanȝ nul
le doubte ilȝ acquierent merite.

Le.ɓᵉ.eſt loquation que promet par dehorȝ dõt plu
ſieurs griefuement faillent periurant le nom de dieu et
blaſphemãt auec ſes ſainctȝ/ et iceulɣ meſler auec chan
ſons et parolles deſhonneſtes et paillardes/ Vituperãt
leur prochain qui eſt contre charite.

Prens diligence dauiſer ſur ce fait
Et retiens bien ce que teſt demonſtre
Laiſſe le mal retourne au bien parfait
Que ne ſoyes du diable rencontre
Le cas icy doibt eſtre remonſtre
Au penitent pour viure ſainctement
Affin quil naye des enfers le torment.

Suiuant ton ordre pour paruenir a la fin de ta con
feſſion/tu te accuſeras des ſeptȝ peches mortelȝ/dont le
pmier eſt orgueil/ et a en ſoy ſeptȝ branches dependen
tes. Ingratitude/impacience/inobedience/ parcialite/
ypocriſie/proteruite/contemption/iactance. Triſteſſe a
cauſe de lonneur ꝗ luy ſemble eſtre deu et y ne la pas/
Vanite quant es hõneurs mondains/cõe de nobleſſe
de lignee/de ſapience vaine/dauoir beaulɣ veſtemens/
belle femme/ belle generation/ eſquelles choſes lõ ſe
veult pluſieurs fois glorifier.

Le second est auarice/et contient en soy trop grande
fiance es biens terriens/desir ou auoir paour dauoir
defaillance de biens/pour laquelle chose laisse souuentesfois et quasi toustours a bien faire. Appeter ou desi-
rer auoir des biens inordonneemēt et cōtre cōsciēce.

Le tiers est luxure/auquel dois cōsiderer epces/cō-
soy pforcer plusieurs foys estre corrumpus et violes.
Prouocation cōme mēger et boire quelque viāde pour
epciter a luxure et a ordure/prendre delectation oultre
mesure au vice de la chair/demourer auec sa femme pl?
po' charnalite desordonnee q̃ pour auoir generation.

Le quart peche mortel est ire/qui soubz soy contient
hayne/rancœur/blaspheme/malediction/desesperaciō/
persecution:indignation/clameur et vengance.

Le.v.e.est la gueule/et cōtient excessiue comestiō/boi-
re oultre mesure/preuention doeuure/gulosite au man-
ger/auoir regard aup viandes/et en icelles trop se delecter.

Le.vi.e.est enuie/et cōtient toye du mal dauultruy/dou-
leur de la prosperite de son prochain/detractiō/murmu-
ration/imposition de mal sur quelque vng/soy taire du
bien et des vertuz qui soit en son prochain.

Le.vij.e.est paresse/et contient tristesse/car il ne sert
point a dieu ioyeusement/cependite par petite amour q̃l
a en dieu. Somptolence qui est trop dormir en son peche. Oysiuete/dilation de temps a soy confesser negli-
gente. Imperseuerence de bien faire/indeuotion et ate-
diation de vie.

Quant le danger est dheure preuenue
Souuentesfois lon est plus asseure
Or est cestuy lasche et recraint tenue
Qua son proffit ne veult considerer
Sur toute riens soyes deliberer
De resister contre vostre aduersaire
Car ce faisant vous ameritez gloire.

Apres te confesseras des oeuures de misericorde/les
quelles tu nas pas acomplies/et sont en deux variatiõs.
Les vnes sont corporelles quant au corps. Et les aul
tres spirituelles quant a lame.

Les spirituelles sont sept en nõbre. Dõt la pmiere
donner cõseil en verite/la.ij.e. corriger les malfaicteurs/
la.iij.e.enseigner les ignorãs/la.iiij.e.consoler les deso
lez/la.v.e.a tort de bon cueur pardõner/la.vj.e.aduersite
paciement porter/la.vij.e.pour noz ennemis dieu prier.
Et sont contenues au vers qui sensuit.
Consule/castiga/doce/solare/remitte/fer/ora.

Les oeuures misericordieuses corporelles sont aussy
sept en nõbre.La premiere est visiter les poures mala
des/la.ij.e.donner boire a ceulx qui ont soif/la.iij.e.don
ner menger a ceulx qui ont faim/la.iiij.e.racheter les pri
sonniers/la.v.e.reuestir les nudz/la.vj.e.aberger les po
ures/et la.vij.e.ensepuelir les mors.Et sont contenues
en ce vers suiuant.
Visito/poto/cibo/redimo/tego/ costigo/condo.

Qui croit conseil il est repute sage
Car lappetit qui est desordonne

Cuide trouuer et auoir dauantaige
Ce qua la fin est mal. reguierdonne
Pour ces raisons nous a dieu ordonne
Vne lecon quest cy deuant escripte
Ou vng chascun peust acquerir merite.

Confesse toy apres des quatre vertuz cardinales /
cestassauoir/iustice/temperance/force et prudence.

Premieremēt de iustice/laquelle soubz soy a quattre
especes.

La pmiere espece de iustice est rēdre a chīi ce q̄ est siē.
pmieremēt a dieu hōneur/reuerēce/ et mettre a effect ses
cōmādemēs/rendre a chascun honneur selon son degre/
secourir a la necessite des indigens et miserables.

La.ije.espece est eleuation de cueur a dieu/cest le adorer de cueur et cōsciēce pure/ le venerer et honorer.

La.iije.espece de iustice est beniuolance quant au cou
rage de non iamais vouloir iniurier personne ne souf-
frir a son pouoir le faire.

La.iiije.est satisfaction quāt a peche/cest adire q̄ le pe
cheur doit satisfaire a celluy quil a offense. Et pour ses
peches deuotement et plainement acomplir la peniten
ce a luy pour iceulx enioincte.

La seconde vertu cardinale est temperance/et contiēt
quattre especes.

La pmiere est abstinēce de trop boyre et menger
La secōde est abstinence de delectation charnelle.
La tierce est doulceur et benignite / cest adire q̄ hom-
me doit estre froit et attrempe en toutes ses besoignes/

et non point de si legier estre incite a ire ne a fureur.

La quarte espece de temperance est cōtentation/cestaf
sauoir que homme doit louer dieu et estre contēt du biē
ou du mal quant il luy enuoye/car en ce est demonstree
ceste vertuz.

La tierce vertu cardinale est force / et contient quatre especes.

La premiere est pacience en aduersite.

La.ij.constance et perseuerance a bien faire.

La.iij.est longanimite a prier dieu/car cōbien ꝗ se pe
nitent ne soit pas euausse de la premiere fois de ce quil
demande/si ne doit il pas pourtant cesser/mais doit cō
tinuer/car cest la doctrine de nostre seigneur ꝗ dit. Petite et accipietis.Querite et inuenietis.Pulsate et ape
rietur vobis.

La quarte espece de force est remission quant a soy /
cest adire que homme ne se doit trop delecter a la prospe
rite mondaine.

La quarte vertu cardinale est prudence / et contient
quatre especes.

La pmiere est attēciō au regime de sante et du corps/
que sante par peche ne soit maculee/et que le corps soit
garde de toutes ordures et cogitaciōs paillardes.Et auec
ce euiter les occasions de pecher.

La.ij.espece de prudēce est attenciō au regime de sa
maison / cest instruire en bōnes meurs ses enfans et sa
famille/et en toutes choses leur mōstrer bō exemple.

La.iij.espece est sollicitude a tousiours bien faire

pour sauluer son ame.
.La.iii'.est cautelle/cestassauoir euiter les dangiers
des ennemis q̃ sont cause de toy molester/et sont trois/
sa chair/le monde/et le diable.
Apres cecy prendras aduisement
Sur les especes que ce sont declairees
Et si en riens offendu nullement
Tu auoyes dieu/ne metz a la voslee
Ta conscience a purger lautre annee
Mais le plus tost que tu auras loysir/
Et tu seras a ton ange plaisir.
De rechief te confesseras des sept dons du sainct
esperit/lesquelz tu nas pas gardez pour la decoration de
ton ame/mais par mauuaise voulente les as chassez
dehors de ta conscience.
Le premier est le don de paour/par lequel tu as la
vertu de humilite contre le peche dorgueil/auquel tu as
la premiere petition de ton oroison dominicale quãt tu
dis.Pater noster q̃ es in celis:sanctificetur nomẽ tuũ.
Le second est le don de pitie/par lequel tu as la ver/
tu damour contre ennie/et fait a la seconde petitiõ.Ad/
ueniat regnum tuum.
Le tiers est le don de science/par lequel tu as la ver/
tu de pacience contre le peche de ire / et fait a la tierce pe
tition.Fiat voluntas tua sicut in celo et in terra.
Le quart est le don de force/par lequel tu as diligen
ce contre paresse/et fait a la quarte petition.Pane nos
strum quotidianum da nobis hodie.

Le.Ve.est le don de conseil/ par lequel tu as la vertu
de largesse contre auarice/et est la quinte petition. Di
mitte nobis debita nostra sicut et nos dimittimus de
bitoribus nostris.

Le.Vie. est le don dentendement/p lequel tu as absti
nence contre le peche de la gueule/ et fait a la petition
Vie.Et ne nos inducas in temptationem.

Le.Viie.est le don de sapience/par lequel tu as la ver
tu de chastete contre le peche de luxure/ et fait a la der
riere petition.Sed libera nos a malo Amen.

Apres pour finale conclusion te confesseras de touſ
les pechez mortelz et veniels que ne sont confesse s/
et aultres desquelz tu nas pas memoire/ que tu confeſ
seroyes voulentiers.Aussy te confesseras du mal com
mis et du bien laisse/ et que tu nas pas rendu a dieu
grace des biens quil ta fait/mais as peche par ingrati
tude. Pourquoy prieras la vierge marie/ et tous les
sainctz et sainctes de paradis/ et ton beau pere qlz vueil
le demander a dieu pardon pour toy et misericorde. Et
ce fait tu diras le demourant de ton Confiteor qu tue
as laisse au commencement/cestassauoir.Mea culpa et
cetera.

Ne prenes pas en desdain ma doctrine
Poures pecheurs questes habandonnez
Mais vng chascun a bien faire sencline
Car a cela sont mes ditz ordonnez
Entendez y et iceulx ruminez
Souuentesfois faictes en diligence

Qui veult des biens raison est quil sauance.
Il est trop mieulx asseant en ce monde
Gemir/plorer et faire penitence
Que ioye mener a conscience immunde
Sans point auoir en soy de repentance
Viure en peche est petite vantance
Je le vous dis/et de ce ie maquitte
Donc a vertu chascun de vous sapplique.

Confesses vous plusieursfois en lannee
Affin quayes la memoire recente
Des grans peches dont lame est maculee
Et deuant dieu la rendes penitente
Et se la chair de ce ne se contente
Chasties la/et ne luy souffres pas
Estre mene des malheureux le pas.

Je fais la fin priant nostre seigneur
Qua bonne fin doint vng chascun venir
Par sa bonte illumine les cueurs
Errans en mal/et en bien maintenir
Cest cestuy seul ou y fault paruenir
Pour posseder et auoir de dieu grace.
Que si luy plaist aurons en briefue espace.